NOTICE BIOGRAPHIQUE

SUR LA VIE ET LES TRAVAUX

DU DOCTEUR LEURET.

NANCY, IMP. DE VEUVE RAYBOIS ET COMP.

NOTICE BIOGRAPHIQUE

SUR LA VIE ET LES TRAVAUX

DU DOCTEUR LEURET,

Chevalier de la Légion d'Honneur,
Médecin en chef de l'Hospice d'aliénés de Bicêtre,
Membre titulaire de la Société royale des Sciences, Lettres et Arts,
et de la Société de Médecine de Nancy, etc.

PAR CHARLES HEQUET,
OUVRIER TYPOGRAPHE.

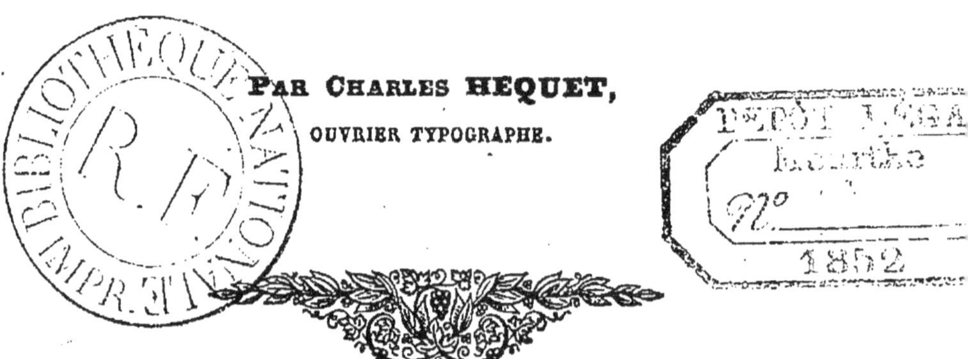

NANCY,
GRIMBLOT ET VEUVE RAYBOIS, IMPRIMEURS-LIBRAIRES,
Place Stanislas, 7, et rue Saint-Dizier, 125.

1852.

NOTICE BIOGRAPHIQUE

SUR LA VIE ET LES TRAVAUX

DU DOCTEUR LEURET.

Retracer la vie des hommes qui se sont illustrés, soit dans les arts, soit dans les sciences, ou par leur dévouement à leurs semblables, pour l'offrir en exemple aux générations futures, c'est, — selon nous, du moins, — faire non-seulement acte de justice, mais encore remplir un devoir patriotique.

Celui dont nous allons esquisser la biographie, et que la ville de Nancy s'honorera d'avoir eu pour enfant, était une de ces natures énergiques, indomptables, dévorées du besoin de se produire avec toutes leurs facultés pour les consacrer au service de l'humanité, et qui semblent puiser leurs forces dans les luttes mêmes qu'elles ont à subir. — Parti d'une condition obscure, le docteur Leuret ne dut qu'à lui seul, et au prix d'efforts incessants, la position brillante à laquelle il était parvenu; peu d'hommes ont rencontré, dans le cours de leur carrière, autant et de si grandes difficultés et ont réussi à les surmonter avec une plus admirable et une plus courageuse persévérance, et nous n'en connaissons point qui, après tant de travaux laborieux, aient moins joui que lui de la fortune, dont il avait su trouver le chemin, et de la réputation qu'il avait si légitimement et si chèrement conquise.

François Leuret naquit à Nancy, le 30 décembre 1797. — Il était le troisième fils d'une honnête famille industrielle, composée, plus tard, de six enfants, dont le chef exerçait la profession de boulanger et voulait faire, de ses fils, des ouvriers comme lui. Madame Leuret, femme dévouée, vrai modèle de douceur et de résignation, remplie de tendresse pour ses enfants, comprenait toute l'importance de l'instruction, bien qu'elle n'en eût reçu aucune, et désirait surtout en faire acquérir au moins à ses trois fils. M. Leuret, père, s'empara tout d'abord de l'aîné pour l'aider dans ses travaux; et ce fut après bien des contestations, des prières et des larmes, que son épouse obtint que le second étudierait la médecine pour laquelle il avait une prédilection marquée. Les progrès de ce jeune homme furent si rapides qu'à 18 ans il occupait, à la suite d'un concours, l'emploi de chirurgien-aide-major dans l'armée; après un pareil succès, on espérait qu'il fournirait une carrière distinguée, quand, se trouvant à Brienne, il eut le malheur de se noyer en se baignant, avec quelques amis, dans la rivière de l'Aube : c'est ce cruel événement qui décida de l'avenir du troisième fils de la famille.

François Leuret montrait aussi un goût tout particulier pour l'étude; doué d'un jugement sûr et d'une mémoire excellente, quelques heures lui suffisaient pour savoir parfaitement les leçons que ses condisciples mettaient une journée à apprendre. A un âge où tant d'autres ne pensent encore qu'à jouer, lui n'avait de plaisir qu'au milieu de ses livres et dans l'accomplissement de ses devoirs d'écolier. Des ecclésiastiques respectables, amis de la maison, ayant remarqué ces heureuses dispositions, encouragèrent François à y persévérer et offrirent de le placer au séminaire. Mme Leuret accueillit avec joie cette proposition, et, après de nouvelles discussions dans le ménage, elle parvint, une fois de plus, à faire fléchir en faveur de François, la résistance de son mari, qui voulait en faire, ainsi que de l'aîné, un boulanger comme lui.

François était loin cependant de partager les sentiments de sa mère et ne ressentait aucune inclination pour l'état religieux : son seul désir, son unique ambition, c'était de marcher sur les traces de son frère Laurent, et d'embrasser la même carrière que lui. Mais l'amour filial fit taire sa répugnance, et, dans la crainte d'ajouter, par un refus, aux chagrins de sa mère, pour laquelle il avait la plus vive et la plus sincère affection, il se soumit à ce qu'on exigeait de lui, et alla s'asseoir sur les bancs du séminaire; il était alors âgé de 14 ans.

François Leuret demeura au séminaire pendant deux années environ, et là, son ardeur et son application ne se démentirent point. « Mais, si l'amour de l'étude ne fit qu'augmenter dans cette organisation toute intellectuelle, celui de l'Eglise n'y fit aucun progrès, et il ne tarda pas à témoigner hautement de son éloignement pour le sacerdoce et de sa vocation pour les sciences »; cette franchise du jeune séminariste lui conserva l'estime de ses maîtres et l'amitié de ses protecteurs. Ce fut seulement quand parvint à sa famille, vers le mois de juillet 1814, la fatale nouvelle de la mort de son frère, pour lequel il professait un véritable culte, qu'il déclara à ses parents que jamais il ne serait prêtre, qu'il voulait succéder à Laurent, et que rien au monde ne pourrait le faire changer de détermination. Cette révélation d'une force qui veut se produire s'affermit toujours par les obstacles; chez les natures puissantes c'est une loi que rien ne peut mettre à néant, et qui fait tout fléchir au prix de plus ou moins de douleurs.

Madame Leuret, qui avait mis tout son espoir dans son second fils, fut frappée au cœur par cette mort inattendue; le chagrin qu'elle en éprouva fut des plus violents et acheva de ruiner sa santé, déjà si délabrée et si chancelante, et, six semaines s'étaient à peine écoulées, qu'elle rejoignait son enfant dans la tombe.—Toutefois, hâtons-nous de le dire, la noble femme qui avait tant combattu, ne succomba qu'après avoir obtenu que François sortirait du séminaire et qu'il remplacerait celui qui avait fait son orgueil maternel : concession incomplète et périlleuse pour l'étudiant désormais privé de l'appui de sa tendre mère!

François Leuret revint donc dans sa famille, où il continua pendant quelque temps encore l'étude des langues anciennes qu'il avait commencée au séminaire. Bientôt il entra à l'Ecole particulière de médecine, fondée à Nancy par MM. Simonin père et fils et de Haldat; il en suivit les cours pendant les années 1815 et 1816, et, de même qu'au séminaire, il s'y distingua par son esprit studieux et devint, suivant l'expression de ses professeurs, l'un des plus brillants élèves de cette école. Ses études, cependant, furent loin d'approcher de ce qu'elles auraient pu être, tant était grande la parcimonie de son père qui, en raison du malheur des temps et des charges qui pesaient sur lui, essayait toujours, mais en vain, de combattre sa résolution. Chacun des progrès du jeune étudiant était acheté au prix de ses larmes ; chaque jour aussi, il lui fallait, en quelque sorte, arracher à son père une nouvelle concession, et il s'estimait heureux quand, le lendemain, celui-ci ne revenait pas sur sa décision de la veille.

Vers la fin de l'année 1816, François Leuret se rendit à Paris avec quatre de ses compatriotes de Nancy, élèves en médecine comme lui, pour y compléter son instruction. Il s'y livra avec ardeur à l'étude de l'anatomie, et il était à peine depuis quelques mois dans la capitale, qu'il reçut une lettre de son père, qui lui disait : « Quand j'ai appris l'état de boulanger, je n'ai coûté d'argent à mes parents que pendant une année ; il y aura bientôt un an que tu es à Paris, tâche alors de te suffire, car les affaires vont toujours plus mal, et les sacrifices que j'ai faits pour toi sont déjà assez grands pour que je ne puisse continuer à t'en envoyer davantage. » Que de larmes cette lettre fit verser au pauvre François qui commença à désespérer de pouvoir jamais parvenir à la noble profession de médecin, à l'étude de laquelle il consacrait pourtant ses jours et ses nuits ! Le père de Leuret tint parole, et ni les prières, ni les supplications ne purent faire changer sa détermination, rigoureuse, il est vrai, mais qui n'était pas sans logique.

Heureusement pour François, la Providence, qui veillait sur lui, ne l'abandonna pas et lui envoya un secours inespéré : son frère aîné, — dont on n'avait pas consulté la vocation avant d'en faire un garçon boulanger, — qui connaissait ses moyens et ses capacités et savait combien il était digne des sacrifices que la famille s'imposait pour lui, son frère, disons-nous, lui vint en aide. Tous les mois, sans en rien dire à personne, il faisait passer, à François, l'argent nécessaire, et qu'il prélevait sur ses économies ou dans la vente de marchandises toujours faite à l'insu de son père, et quand, chose qui n'arriva que trop souvent, les ressources lui manquaient, il sollicitait, empruntait dans toutes les bourses, jusqu'à ce qu'il eut pu se procurer la somme suffisante pour faire face aux besoins du moment. Ses sœurs ne voulurent pas non plus rester en arrière, et employaient une partie des nuits à travailler, en cachette, à des ouvrages de broderie, dont le gain était destiné à François.

Mais, hélas! cet état de choses ne subsista pas longtemps, et tous les malheurs vinrent à la fois éprouver d'une façon bien cruelle le jeune étudiant, qui n'avait encore connu la vie que par ses souffrances. M. Leuret venait de se remarier, et ses filles étaient en butte à la dureté d'une belle-mère, véritable marâtre dans toute l'acception du mot; la plus jeune succomba même aux mauvais traitements que cette femme leur fit endurer, et auxquels son âge et son tempérament naturellement faible, l'exposaient plus que ses sœurs (1). Qui pourrait dire de quel désespoir François fut accablé en apprenant ce malheur, et quelle profonde atteinte en reçut son caractère si impressionnable; puis, pour ajouter encore à ce désastre, la ruse de son frère fut découverte, et tout envoi d'argent dut cesser. Le bon Pierre, qui s'était si généreusement exposé, ne se découragea point : il offrit à son père, d'abandonner en faveur de François la part de la succession, qui devait lui échoir un jour, et qui

(1) Ce fait, qui pourrait paraître exagéré, m'a été attesté par des personnes dignes de foi.

pourrait permettre à ce dernier d'achever ses études ; mais cette offre fut repoussée, et, pour toute réponse, M. Leuret signifia à François, avec le ton de l'autorité paternelle offensée, qu'il eût à suspendre ses études jusqu'à nouvel ordre, et à revenir immédiatement dans sa famille qu'il n'aurait pas dû quitter.

« Que de douleurs dans la lecture de cet arrêt, pour une âme attendrie à l'aspect des souffrances qu'elle est impatiente de guérir, de misères qu'elle brûle de soulager, et trempée à la source la plus pure de toute véritable noblesse : l'amour du bien, la recherche et le culte du vrai! »

François Leuret, espérant encore pouvoir faire fléchir la volonté de son père, reprend la route de Nancy, malgré les conseils de ses amis qui l'engageaient à rester et lui offraient de l'aider de leur mieux. Mais, cette fois, il avait trop présumé de ses forces, car il ne put vaincre l'opiniâtreté de son père, qui persistait toujours, après trois ans et demi d'études, à en faire un garçon boulanger !

Par une résolution énergique puisée dans son désespoir, et, sans prendre de conseil que de lui-même, il se rend aussitôt chez le capitaine de recrutement, et signe, entre ses mains, un engagement militaire, qu'il ne fait connaître à ses amis que quand, après son premier apprentissage de soldat, il était déjà en route pour la garnison qui lui avait été désignée. Et, dans le moment où il accomplissait son funeste dessein, ces mêmes amis qui l'aimaient et lui étaient tout dévoués, se concertaient ensemble pour le faire revenir à Paris sans qu'il en coûtât rien à ses parents.

François Leuret fut dirigé sur la place de Givet, ville frontière de Belgique. Ceux qui, l'ayant intimement connu à cette époque, se rappellent son peu de force corporelle, et savent qu'il n'éprouvait de bonheur qu'au milieu de ses livres, ceux-là seuls, peuvent se faire une idée de ce qu'il eut à souffrir de ces manœuvres quotidiennes et de cette vie si monotone de garnison. Ce devait être chose singulière que de voir exécuter des à-droite et des à-gauche sous la haute direction d'un caporal, par celui dont le nom, quelques années plus tard, vint faire autorité dans la science ! Et cependant jamais on ne l'entendit ni murmurer ni se plaindre. « Pourquoi vous affliger sur mon sort? écrivait-il un jour à ses amis ; je suis aussi heureux que peut l'être un soldat ; mes camarades font tout ce qu'ils peuvent pour alléger mon service; de sorte que je puis étudier presque autant qu'autrefois. »

Sans grâce à porter l'uniforme, sans dispositions pour l'obéissance passive, François ne parvint, en plus de quatre années, qu'au grade de caporal. Ses chefs eurent bientôt reconnu son peu d'aptitude pour l'état militaire et sa vocation pour une autre profession ; ils ne l'en estimaient pas moins pour cela, et, pour lui laisser plus de liberté, on lui permit de soigner les malades de l'ambulance.

La légion de la Meurthe ayant été appelée à Paris, François reprit avec courage ses études favorites. Tous les jours, il y venait à pied, faute d'argent, de Saint-Denis où il était caserné, et s'en retournait de même après avoir suivi les cours de la Faculté. Tous les élèves de la Salpétrière de ce temps se rappellent encore le *petit soldat blanc* (1), qui ne manquait pas une seule des

---

(1) L'armée française, jusque-là organisée en régiments, ve-

leçons du célèbre Esquirol; il vendait son pain pour acheter de la chandelle, et, retiré dans un coin de la caserne, il passait une partie des nuits à étudier.

Quelque pénible que fût pour François cette résidence de Saint-Denis si éloignée des amphithéâtres, le souvenir de Givet lui en rendait le séjour délicieux. Mais la fatalité, qui semblait le poursuivre, vint encore lui susciter de nouvelles entraves : la fameuse conspiration du 19 août 1820, dans laquelle la légion de la Meurthe avait trempée, venait d'être découverte, et, par mesure de discipline, cette légion reçut l'ordre de partir immédiatement pour Avesnes, petite ville du département du Nord. — « Aller à Givet une première fois sous le feu d'une résolution désespérée, c'était chercher l'imprévu; mais y retourner, c'était mourir.

» Heureusement, de fortes amitiés, de celles que rien n'ébranle, qu'aucune distance n'efface, que nulle difficulté n'arrête, s'étaient indissolublement nouées ou resserrées pendant la garnison de Saint-Denis. Mais il faut reporter à M. Royer Collard, médecin de Charenton et frère du célèbre publiciste, tout le mérite de la délivrance du pauvre exilé. Un matin, à la visite, un interne de cette maison prévient son médecin en chef qu'il a quelque chose d'important à lui dire et entre avec lui seul dans son cabinet. Il expose les infortunes de Leuret, la valeur de son intelligence, la nécessité de mettre fin à son martyre.

» — Que puis-je faire? répond le médecin. — Créer

---

nait d'être divisée en légions départementales, et l'ancienne tenue militaire remplacée par un nouvel uniforme de drap blanc.

dans la maison une place d'interne de plus (1). — Je ne ferai pas cela, mais je puis nommer un externe. — Alors un externe logé, nourri, chauffé, éclairé ? — Pourquoi pas ? — Ah ! c'est bien, c'est bien, Monsieur ; merci mille fois, vous venez de faire une bonne action ! — Enfant que vous êtes, le plus difficile n'est pas obtenu, puisque votre ami n'est pas libre ! — M. Royer-Collard se trompait, le plus difficile était fait, car Leuret ne voulait se prêter à rien, n'entreprendre aucune démarche, n'en accepter aucune, tant qu'il n'aurait pas un gîte assuré.

» Une fois la parole de M. Royer donnée, courir, ivre de joie, chez un employé supérieur de la guerre, lui demander le moment de la prochaine inspection, l'intéresser à la réforme du mauvais soldat par l'exposé des faits, tout cela ne fut que l'affaire d'une matinée.

» Peu de temps après, Leuret se laissait faire ; on déclarait sans conteste qu'il était devenu impropre au service, et il quittait Avesnes pour Charenton. Six mois ne s'étaient pas écoulés qu'il montait en grade et remplaçait dans les fonctions d'interne l'ami qui l'avait sauvé. Sa vie, désormais livrée à l'étude, sans prise d'armes, sans appels du régiment et sans le bruit de la chambrée, allait pouvoir se consacrer librement à son cher idéal. Tout cela se passait en 1822. Il usa de toutes ses ressources, et commença par se remettre avec une infatigable ardeur aux études anatomiques. Les élèves pouvaient disséquer dans la maison même : il ne quit-

---

(1) Le médecin en chef de la maison de Charenton était alors à peu près tout-puissant. Le directeur de l'établissement était son gendre.

tait pas l'amphithéâtre. Un peu plus tard, il faisait de l'anatomie comparée et des expériences physiologiques dans l'établissement d'Alfort, avec MM. Dupuy et Vatel, professeurs de cette école, et avec M. Lassaigne, alors préparateur du cours de chimie de Dulong (1). »

François Leuret publia, en 1824, en collaboration avec MM. Deguise et Dupuy, des *Recherches et expériences sur les effets de l'acétate de morphine;* travail d'un grand intérêt, contenant les premières expériences qui aient été faites dans le but de retrouver l'acétate de morphine chez les animaux empoisonnés par cette substance.

En 1825, la *Bibliothèque médicale* de Paris inséra un *Mémoire sur la structure de la membrane interne de l'estomac*, dans lequel l'auteur, François Leuret, démontrait que, contrairement à l'opinion de Bichat et des anatomistes modernes, la membrane interne du tube gastro-intestinal est, par sa structure et les fonctions qu'elle remplit, entièrement différente des membranes muqueuses.

L'année précédente, l'Institut de France avait mis au concours, pour le grand prix de 1825 (médaille d'or de six mille francs), l'*Histoire de la Digestion.* François Leuret présenta, en commun avec M. Lassaigne, des *Recherches anatomiques pour servir à l'histoire de la digestion,* qui furent couronnées par l'Académie des Sciences, dans la séance du 20 juin (2). «Cette produc-

---

(1) Notice sur Fr. Leuret, par M. Ulysse Trélat.

(2) Deux mémoires avaient été présentés ; l'un par MM. Tiedemann et Gmelin; l'autre, par MM. Leuret et Lassaigne. La

tion, dit M. Trélat, est restée acquise à la science, et est souvent consultée. » François Leuret sollicita la conversion de son prix en une simple médaille d'argent, et sur les conclusions favorables de la Commission chargée d'examiner sa demande, l'excédant de la valeur de cette médaille lui fut remis. Avec cette somme, et de l'économie il espérait pouvoir arriver, sans nouvelles difficultés, au moment de son doctorat. Il écrivit aussitôt à son père pour lui faire part de son succès, et lui annonça, en termes fort respectueux, qu'il pouvait désormais se passer des secours de sa famille (1).

Le 12 mai 1826, François Leuret soutint avec avantage une thèse brillante sur l'*Altération du sang*, à la suite de laquelle il obtint son grade de docteur. Cette thèse, — contenant plusieurs faits de transmission de l'affection charbonneuse chez le cheval, par l'injection du sang d'un animal charbonneux ou par la transfusion, — était le résumé d'expériences laborieuses qu'il avait faites à l'Ecole vétérinaire, et qui ont eu le mérite de précéder les travaux exécutés, dans ces derniers temps, sur le même sujet.

Dès qu'il fut reçu médecin, la vie déjà si accidentée de François Leuret subit encore un nouveau changement. Malgré les encouragements de ses amis, il voulut

---

valeur du prix fut partagée également entre ces deux mémoires.

(1) Nous devons dire, pour rester impartial, que, depuis l'entrée de son fils à Charenton, M. Leuret, dont la position s'était améliorée, avait consenti à lui envoyer l'argent nécessaire aux menues dépenses indispensables qui n'étaient pas à la charge de l'établissement.

revenir dans sa ville natale, pour s'y livrer, sous les yeux de sa famille, à l'exercice de sa profession. Il revint en effet à Nancy, où déjà sa réputation l'avait précédé, et il y soigna un grand nombre de malades tant de cette ville que des environs.

Le 27 avril 1827, la Société des Sciences, Lettres et Arts fondée à Nancy par Stanislas-le-Bienfaisant, admit dans son sein, en qualité de membre titulaire, le jeune docteur Leuret, qui prit désormais un part active aux travaux des hommes d'élite qui composent cette Société savante.

Dans la séance du 6 juillet suivant, le docteur Leuret, en prenant place parmi les membres de la Société et après lui en avoir témoigné sa reconnaissance, lui communiqua le résultat des expériences microscopiques qu'il avait faites pour constater l'*Influence de quelques médicaments sur le sang contenu dans les vaisseaux des animaux vivants*, afin d'éclairer la question générale des médicaments sur le sang, l'une des plus importantes et peut-être l'une des plus neuves que puisse se proposer un médecin. Pour y parvenir, il a employé de jeunes quadrupèdes dont les mésentères ont été développés sur le porte-objet du microscope, afin d'observer les phénomènes de la circulation dans les vaisseaux sanguins pendant que le médicament liquide était appliqué à la surface de ce mésentère, ou dans la portion d'intestin qui recevait ses vaisseaux de la partie du mésentère observée.

M. le docteur Leuret déposa aussi aux archives de la Société des Sciences un mémoire sur le *Traitement des affections putrides*, dont les éléments avaient été recueillis en commun avec M. Hamont, médecin-vétérinaire. Les observations, les expériences et les recherches consignées dans ce mémoire ont pour but d'éclairer une des questions le plus souvent agitées en médecine, et sur laquelle se sont partagées les deux sectes les plus célèbres dans les fastes de l'art, les solidistes et les fluidistes ; question neuve encore après tant de travaux, celle enfin de savoir si les fluides sont, comme les solides, susceptibles d'altérations morbides.

L'année suivante, M. Leuret lut à la Société le résultat des observations et des recherches qu'il a faites sur une variété de fièvre entéro-mésentérique, qui venait de régner à l'état d'épidémie dans le département de la Meurthe, et désignée sous la dénomination de *Dothinentérite*, à raison des éruptions pustuleuses observées dans le tube intestinal.

Pendant qu'il étudiait cette maladie, le docteur Leuret ayant fixé son attention sur les urines rendues par les malades, constata un fait déjà aperçu par MM. Lassaigne et Orfila (de l'Institut), et s'assura que ce liquide, peu de jours avant la mort, faisait effervescence avec les acides, tandis que celui tiré de la vessie des cadavres ne présentait plus le même phénomène. La constance de l'effervescence des urines dans les malades qui succombèrent à la dothinentérite conduisit l'observateur à examiner si les urines des sujets affectés d'autres maladies présenteraient le même phénomène ; ses recherches lui prouvèrent, en effet, que tous les sujets qui l'ont offert ont succombé à la maladie dont ils étaient affectés.

Le docteur Leuret recueillit et entretint encore la Société de l'*Observation d'une paralysie existant du même côté que l'affection du cerveau*, et qu'il se croit fondé à réunir au petit nombre de celles qu'ont recueillies Smetius, Forestus, Brunner, Morgagni et Bayle, et qui sont proposées comme des exceptions au principe généralement admis sur le siége des lésions du cerveau, relativement aux parties affectées de paralysie (1).

Ce travail, le dernier qu'il publia dans les Mémoires de la Société des Sciences, Lettres et Arts, marqua la fin de son séjour à Nancy. Le docteur Leuret, qui s'était cru assez de résolution et assez d'empire sur lui-même pour pouvoir emprisonner son esprit dans un horizon de province, s'était abusé; il s'y sentait trop à l'étroit et il ne put supporter davantage cet exil volontaire : Paris, au monde scientifique et au mouvement intellectuel, lui était devenu nécessaire. Il y retourna, et les circonstances qui y assurèrent son établissement définitif ont trop d'importance pour que nous ne les racontions point; mais, de peur d'amoindrir ce récit, nous allons laisser parler M. Trélat, qui en a été l'un des témoins et l'un des acteurs principaux :

« C'est un des plus nobles titres d'Esquirol à la reconnaissance de la postérité que d'avoir toujours appelé près de lui, encouragé, aidé et soutenu dans leurs efforts les jeunes élèves laborieux et intelligents. Il était aussi puissant par la facilité de ses rapports et la générosité de son cœur que par la pénétration et la sagacité de son esprit.

Personne n'a oublié ces déjeuners du dimanche, où les disciples mêlés à d'autres hommes déjà distingués,

---

(1) Voy. Précis des travaux de la Société des Sciences, Lettres et Arts de Nancy, 1824-28, p. 78 et suiv.

étaient conviés, par la cordiale aménité du maître, à prendre part aux discussions les plus hautes sur les phénomènes physiologiques et morbides du domaine moral. Mais ceux d'entre eux qui se faisaient particulièrement remarquer par leur valeur réelle étaient traités plus paternellement encore. Esquirol, si accessible pour tous, était le premier à les rechercher; il les poussait à concourir pour les prix qu'il fondait annuellement à leur intention; il leur montrait d'avance les asiles importants d'aliénés dont il désirait leur faire obtenir le service en chef. C'est ainsi qu'il a doté les principales maisons de traitement de notre pays de ses anciens élèves les plus capables d'honorer la science et de bien servir l'humanité.

» Celui en qui il trouvait à la fois la capacité et le désir de rester à Paris, il le retenait près de lui, l'admettait dans sa maison pour prendre part à ses travaux et au traitement de ses malades. Georget, dépourvu de toute fortune, enfant du peuple, comme le sont la plupart des hommes véritablement forts, n'a dû qu'à cette hospitalière tranquillité l'avantage de pouvoir produire les livres qui ont assuré sa réputation. Il venait de mourir chez son maître, à trente-trois ans, dans tout l'éclat de sa gloire naissante, quand Leuret, arrivant de Nancy, descendit chez ce même ami auquel il avait succédé, six ans auparavant, dans les fonctions d'interne à Charenton. Cet ami court chez M. Rostan; tous deux ont une idée; ils se rendent immédiatement chez M. Esquirol qui, ayant remplacé Royer-Collard à sa mort, avait eu Leuret pour élève, et gardait, d'ailleurs, un parfait souvenir du petit soldat, toujours si crotté, qui avait suivi ses leçons avec une assiduité si exemplaire.

» La négociation fut prompte et facile : à peine provoquée : « Non-seulement il remplacera mon pauvre Georget, dit l'ancien médecin de la Salpétrière, mais il sera le rédacteur en chef d'un journal dont j'ai rêvé, avec Marc, la prochaine publication. » Les *Annales d'hygiène publique et de médecine légale* ne tardèrent pas, en effet, à paraître, et la promesse de M. Esquirol fut tenue. L'active exactitude et les propres travaux du rédacteur en chef contribuèrent puissamment, ainsi que ceux des autres fondateurs, à assurer les premiers succès de ce recueil, devenu aujourd'hui, avec le concours de plusieurs autres savants, l'une des plus précieuses collections de notre époque. »

Quelque temps avant la présence du choléra à Paris, c'est-à-dire, au commencement de l'année 1832, le docteur Leuret publia, dans les *Annales d'hygiène,* un mémoire excellent et très-étendu sur les causes, les symptômes, la nature, le traitement de cette maladie, et les moyens de s'en préserver. Ce travail, d'une importance d'autant plus grande qu'il était d'occasion, fut imprimé à un nombre considérable d'exemplaires, et répandu partout. Nommé, dès l'apparition du terrible fléau, membre de la commission de salubrité du 12e arrondissement, et médecin de l'hôpital dit la Réserve, le docteur Leuret s'aperçut bientôt que les choses les plus indispensables manquaient aux malades. Entraîné par son zèle à faire le bien, il court au palais des Tuileries, sollicite une audience particulière du duc d'Orléans, et retrace à ce prince, avec tant d'éloquence et de vérité, le tableau désolant des malheureux cholériques privés de tout, qu'il en obtint, séance tenante, une somme de deux mille francs avec laquelle il put organiser les premiers secours.

Le docteur Leuret s'acquitta de sa double tâche avec un dévouement et une activité au-dessus de tout éloge : on le trouvait partout où il y avait quelque danger à courir; sans cesse au chevet des malades, il semblait se multiplier encore en face des besoins et paraissait toujours exclusivement occupé d'un seul; aussi cette belle conduite lui fit-elle décerner, par le gouvernement, la grande médaille du choléra : noble et douce récompense au cœur de l'homme de bien, mais qui ne fut connue de sa famille et de ses amis que par les feuilles publiques, tant était grande la modestie de celui qui savait exposer sa vie pour sauver celle de ses semblables!

M. Leuret, toujours infatigable, ne connaissait le repos que de nom : il était incompatible avec ses habitudes. La cruelle épidémie venait à peine de nous quitter, qu'il fit imprimer, en commun avec M. Mitivié, un travail intéressant dédié à son illustre maître, M. Esquirol, sur la *Fréquence du pouls chez les aliénés*, considérée dans ses rapports avec les saisons, la température, les âges, les périodes lunaires, etc., suivie d'observations sur le poids spécifique du cerveau chez les aliénés. — Une erreur très-accréditée, disent les auteurs de ce travail, c'est que la fréquence du pouls diminue avec les progrès de l'âge; si l'on compare l'âge de vingt ans à celui de soixante, c'est précisément le contraire qui a lieu : les vieillards ont dix à quinze pulsations de plus que les jeunes gens. Ce mémoire est le produit des observations les plus attentives, répétées en diverses saisons, à des heures différentes de la journée, et dans toutes les variétés de situation, sur la nombreuse population des deux plus grands hospices de Paris : la Salpêtrière et Bicêtre, et, pour terme de comparaison, sur celle des jeunes gens de l'école vétérinaire d'Alfort.

En 1834, le docteur François Leuret publia, sous le titre de *Fragments psychologiques sur la folie*, un livre important qui fit sensation dans le monde savant et dans lequel se trouve indiquée une nouvelle division des maladies mentales. La folie y est considérée comme une maladie morale plus encore que comme une maladie physique; son traitement, un traitement à part, et qui ne doit avoir que des rapports indirects avec la thérapeutique des autres maladies. Cet ouvrage, — aussi remarquable par l'érudition profonde qui s'y révèle à chaque page que par l'élévation des idées philosophiques et des sentiments qui s'y produisent, — après l'abus qu'on avait fait de tout réduire dans la science, forçait les issues et agrandissait le champ de l'étude; il est écrit avec un rare talent d'exposition et un style à la fois si clair et si concis que nous ne pouvons résister au désir d'en citer quelques passages :

« On a dit, et c'est une doctrine qui, professée par Heinroth, semble prévaloir en Allemagne, que les aliénés ne sont pas des malades, mais des coupables ; que le dérangement d'esprit tient au désordre des passions non réprimées; que celui-là n'a pas à craindre la folie qui a toute sa vie devant les yeux et dans son cœur l'image de son Dieu ; et, comme tous les principes ont leur conséquence, la conséquence du principe posé par Heinroth, est qu'on ne doit pas traiter les aliénés, mais les punir.

« Ce principe est faux, cette conséquence est atroce. Les hommes les plus sages, les plus vertueux peuvent perdre la raison. Il y en a même qui ne doivent cette perte qu'à leur excès de vertu : que si, voulant prouver son assertion, Heinroth cite des exemples, je répondrai que ceux de ce genre sont assez rares pour n'être que des exceptions. S'il appelle faute ou péché une foule d'actions que les rigides casuistes condamnent, bien qu'elles soient inséparables de la nature humaine, qu'Heinroth aille faire la médecine avec les anges, et qu'il ne vienne pas, dans ses mystiques rêveries, affliger et flétrir des hommes déjà trop malheureux ! Il est médecin d'aliénés, puisse-t-il être dirigé dans le traitement de ses malades plutôt par son cœur que par son esprit !

» Ces réflexions sont trop justifiées par ce que je vais dire.

» Un jeune homme idolâtrait sa femme, il l'a perdue. Plein de sa douleur, rien dans le monde n'a pu le consoler. La religion lui offrait un espoir que, seule, elle promettait de réaliser : il s'est jeté dans ses bras. Aimer, pleurer et prier, c'était sa vie du jour et de la nuit. Il croyait parcourir ainsi les années qui lui restaient encore sans nouvelle infortune, fidèle à son amie, religieux à Dieu. Mais que peut la volonté de l'homme contre l'éternelle volonté ? Ce ne sont ni des vœux, ni des larmes qui remplissent la loi, cette loi fatale que la matière nous impose et contre laquelle vient échouer toute humaine sagesse. Il a lutté, la folie est le prix de sa lutte. Chez lui, tout est maintenant brisé; une seule chose demeure presque inaltérable, c'est la connaissance qu'il a du désordre de ses facultés. Je vais essayer de décrire son état. Pardonnez à la longueur de ces détails, ô vous qui me lisez; j'ôterais à mon livre sa vérité, si je vous donnais des abstractions, au lieu des faits que j'ai sous les yeux.

» Le malade, que j'appellerai M. Léon, est assis sur

un fauteuil, maintenu à l'aide de la camisole; sa figure est pâle, maigre et d'une expression incertaine. Il me regarde arriver, puis il détourne les yeux sans paraître rien voir, puis il me regarde de nouveau, me voit écrire et dit :

» — Manuscrit vert, oui, écris Saint-Simon, écris tout uniment, mon père a tué, *pater meus*, d'un coup de pied dans le bas-ventre, et j'ai tué mon père, écris cela avec réflexion. *Ego sum qui sum, ego sum qui sum, ego sum qui sum, ego sum qui sum,* ça fait quatre.

» — Voudriez-vous me dicter une lettre pour vos parents?

» — Non. Tout ce que vous voudrez. Mon cher père, je vous suis bien obligé d'avoir corrigé votre enfant gâté. Pascal entier. Sacrifiant tous mes droits, mon œil droit s'il le faut, oui, sacrifiant un œil.

» Déjà, par ce peu de mots, on a une idée de la justesse de ses perceptions, mais de leur peu de durée et de l'incohérence qui règne dans ses paroles. Je lui demande une lettre pour son père, il dicte le commencement d'une lettre. Ses phrases n'ont pas de sens complet, mais les parties dont elles se composent ne sont pas sans rapports ; les mots et les idées qui précèdent ont de l'analogie avec les mots et les idées qui suivent.

» ... Le jour suivant, je le trouve assis, immobile, les yeux fixes, ne disant mot, la tête portée en avant et les jambes étendues et soulevées ; je compte la durée de cette immobilité, elle est de quatorze minutes. En santé, ce ne serait pas sans de très-grands efforts qu'on pourrait la garder aussi longtemps; les jambes surtout trembleraient bientôt et tomberaient à terre.

» Bientôt après, il se met à genoux, se lève, marche, s'arrête, a les yeux fixes, mais sans rien regarder, relève ses manches, met la main sur son cœur, sent battre ses carotides, cherche les veines du bras, fait mine de se saigner, et remet la main sur son cœur. Après un moment de repos, il se met en garde, et sa figure exprime successivement le rire, la bienveillance, la tristesse, la sévérité, le sérieux et le rire; il s'assied, se lève, dit : « J'ai froid », et va se coucher; tout cela avec tant de promptitude que j'avais peine à l'écrire au fur et à mesure qu'il le faisait.

» S'apercevant tout à coup que je m'occupais de recueillir quelques-unes de ses paroles : Y a-t-il de l'indiscrétion à voir ce que vous écrivez, me demande-t-il?

» — Nullement; lisez.

» Il lit et après avoir lu :

» — Oui, c'est vrai, j'ai dit cela. Mais vous n'êtes pas un notaire. A la bonne heure, alors je ne parlerai pas. Voyons un autre feuillet.

» Je lui montre ce qu'il a dit l'avant-veille, pendant qu'il était agité; il y reconnaît ses paroles. J'ai mal écrit un mot; il le lit mal, et me fait observer qu'il n'a pas dit cela. Je corrige le mot mal écrit. « C'est bien, » me dit-il.

» On ne s'attendrait pas à trouver tant de mémoire avec un désordre intellectuel aussi prononcé. Non-seulement M. Léon connaît ce que font les autres et ce qu'il fait lui-même, mais il conserve le souvenir de ses paroles incohérentes. Combien on est loin, dans le monde et même parmi les médecins, d'admettre une pareille lucidité, chez les maniaques! Que l'on vienne dire, en présence de pareils faits : « Dès qu'il y a conscience, il y a liberté », ainsi qu'on l'a répété devant les tribunaux, lorsqu'il s'agissait de faire condamner des aliénés. Apprenez à connaître ces malades, vous qui êtes appelés à prononcer sur eux ; si leur folie vous paraît raison, c'est parce que vous êtes ignorants. »

Dans ce même ouvrage, au chapitre des *Visions*, M. Leuret s'élève avec indignation et flétrit avec énergie la légèreté des condamnations prononcées par les tribunaux, *pendant près de deux cents ans !* contre les prétendus sorciers.

» On appelait sorciers, dit-il, des hommes qui se donnaient au diable, moyennant une certaine rétribution, soit en argent, soit en quelque secours surnaturel. Dès cette vie, les sorciers allaient au sabbat, où ils se livraient à toutes sortes de débauches, ils pouvaient rendre malades ceux qu'ils voulaient, et même envoyer un ou plusieurs diables dans le corps d'une personne : les vents, les orages, le tonnerre étaient à leur disposition ; s'ils le commandaient, ils faisaient naître des nuées d'insectes pour ravager les récoltes ; après leur mort, ils appartenaient de droit à celui qui jusqu'alors, avait été leur esclave, ils allaient droit en enfer.

» Le XVIe et surtout le XVIIe siècle sont remplis d'histoires de sorciers ; tout ce qui semble extraordinaire leur est attribué, et, comme aux ignorants il y a peu de choses qui ne soient extraordinaires, et que les ignorants étaient en nombre infini, le gouvernement du monde semblait appartenir au démon. L'Eglise, pour rendre à Dieu ce qui appartient à Dieu, s'arma de son pouvoir ; elle fit aux sorciers une guerre de destruction, et, en vertu de ce passage de l'Exode : Tu ne laisseras pas vivre ceux qui font des maléfices (*Maleficos non patieris vivere.* Ex. ch. 22, v. 18), des bûchers s'allumèrent, dans lesquels on jetait les sorciers.

» ... L'empereur Maximilien Ier donna le secours du

bras séculier aux inquisiteurs. Dès-lors on ne vit partout que sorciers, et le nombre de ceux que l'on persécuta est horrible à dire. En quelques années, dans l'électorat de Trèves, on fit périr, sous prétexte de sorcellerie, six mille cinq cents habitants. A Friedberg, dans la Nouvelle-Marche, cent cinquante individus furent possédés du diable, et le mal devint si général que, dans toutes les églises, on ordonna des prières publiques pour l'expulsion de l'esprit malin. Les sorciers ne se bornèrent pas à un seul pays, ils s'étendirent dans tous les pays voisins, et bientôt il y en eut dans toute l'Europe. En Lorraine, dans l'espace de seize ans, Remigius, qui lui-même en a donné l'histoire, a fait périr NEUF CENTS INDIVIDUS *coupables du crime de sorcellerie!*

» On frémit à la pensée de tant d'assassinats juridiques, et l'on se demande si personne n'élevait la voix en faveur des accusés, si le fanatisme et la fureur ont dirigé tous les coups. »

Quand, au lieu de rester emprisonné, pour ainsi dire, dans certaines limites qu'on s'était habitué à regarder comme infranchissables, on examine les croyances et les coutumes des siècles précédents, — coutumes établies par des hommes qui pouvaient être de bonne foi, — qu'on les compare à celles de notre époque, on est bien près d'admettre qu'un grand nombre de traditions et d'usages qui n'ont de respectables que leur ancienneté, doivent être, sinon considérés comme des folies, tout au moins rangés dans la catégorie des idées folles. L'exemple suivant, que nous prenons à l'article *Conceptions délirantes* en sera la preuve.

« En 729, il y eut à Echternach, petit village situé à cinq lieues de Trèves, une maladie qui attaquait un grand nombre d'animaux. C'était, disent les vieilles histoires, une sorte de rage qui faisait sauter les bêtes, tant et tant qu'elles en mouraient. Que faire contre un pareil fléau? Sauter aussi : c'est l'idée qui vint aux paysans. Ils s'assemblèrent en grand nombre, écoutèrent dévotement un sermon, et, s'étant rangés trois à trois, il se mirent à sauter sur une jambe, faisant trois pas en avant et deux pas en arrière, au son du flageollet, du violon et de beaucoup d'autres instruments. Après avoir sauté pendant plus de deux heures, en se rendant à l'église, ils se prosternèrent quelque temps, puis, s'étant relevés, ils s'en allèrent qui chez soi, qui au cabaret, qui sur la place publique, car les maisons étaient loin d'y suffire.

» Depuis 729 jusqu'à présent, la procession dansante a continué de se faire presque sans interruption tous les ans, le lundi de Pâques, et, d'après un dénombrement pris sur les lieux, le nombre des danseurs était, en 1814, de 7,261, celui des danseuses de 2,524, celui des musiciens de 142. Ainsi, pendant l'espace de onze cent six ans, les hommes ont dansé, à Echternach, en place de leurs bêtes, car on assure que l'épizootie n'a pas reparu.

» Qu'il prenne envie à un de nos paysans, quand sa vache est malade, de sauter sur une jambe en faisant trois pas en avant et deux pas en arrière, dans l'intention de la guérir, et vous verrez si les parents et les amis du danseur ne s'occuperont pas de le guérir lui-même. »

De ce qui précède, il résulte que les idées fausses d'une époque, admises dès l'origine comme des vérités, peuvent, dans d'autres temps, être reconnues absurdes et devenir même une accusation de folie pour ceux qui les soutiendraient ou voudraient les propager.

Il faut un véritable courage pour refermer ce livre une fois qu'on en a lu quelques pages; ne le refermons pas, cependant, sans en donner encore une citation, — et ce sera la dernière, — qui pourra, mieux que toutes nos paroles, donner une idée du bienveillant intérêt de M. Leuret pour les malheureux confiés à ses soins, et de ses efforts pour améliorer leur triste position, quand les secours de son art étaient impuissants à les guérir :

« Aimée a trente-deux ans; sa constitution était robuste, sa figure exprimait un état de souffrance habituelle, elle pleurait souvent. Elle était âgée de onze ans quand elle a perdu sa mère; son père s'est remarié. Un soir, sa belle-mère, au moment du souper, l'a mise à la porte avec un frère et une sœur; tous trois ont été recueillis par des voisins et ont trouvé à se placer comme domestiques. Sa sœur a fait ses *soumissions* respecteuses, et s'est mariée; son frère en a fait autant. Elle a aussi demandé le consentement de son père, mais son père le lui ayant refusé, elle n'a pas voulu se marier malgré lui. « Je respecterai, a-t-elle dit, la volonté de mon père, je resterai sa fille. »

» Pendant qu'elle était en service, un homme qui, depuis quelque temps, la recherchait, lui frappa sur l'épaule, lui prit la main et lui demanda : Combien gagnez-vous? si vous voulez vivre avec moi, vous ne manquerez de rien. —Non, a-t-elle répondu, j'aime l'honnêteté et la vertu. Quand vous seriez las de moi, vous me renverriez, je ne veux pas vivre dans le concubinage.

» Trois jours après, se trouvant chez un épicier, cet

homme y est venu, l'a saisie avec force et lui a jeté dans la bouche le reste d'un verre d'eau-de-vie, dont il avait bu la moitié. L'horreur et le dégoût qu'elle en a ressenti lui firent une telle impression qu'en moins de huit jours elle était épileptique.

» Plusieurs médecins ont été consultés pour la délivrer de ses attaques; ils n'y ont rien fait. Après sont venus les charlatans, qui n'ont pas mieux réussi. Un paysan lui a dit qu'elle était ensorcelée; elle a eu recours aux prières et aux pèlerinages. Sa maîtresse lui conseillait d'avoir un enfant, lui faisant espérer que, peut-être, ça la guérirait. — Je ferai un petit malheureux, qui n'a qu'à tomber du haut-mal comme moi; non, dit-elle, je veux être sage.

» Ses attaques sont devenues de plus en plus fréquentes, et n'ont pas tardé à s'accompagner d'agitation et de délire : elle ne pouvait plus demeurer chez ses maîtres, on l'a placée à la Salpétrière, dans la division des épileptiques. Elle est restée plus de cinq ans dans cette division. Quand l'état de sa santé n'était pas trop mauvais, elle travaillait; son gain était employé à quelques dépenses d'habillement ou de nourriture. Mais, pendant un accès de délire qui suivit une attaque d'épilepsie, elle s'est jetée par la fenêtre, « sachant bien qu'elle ne se ferait pas de mal, et parce que Dieu lui avait dit : Va à la fenêtre, et tu voleras comme un oiseau » ; on fut, dès lors, obligé de la mettre avec les aliénés. Là, enfermée dans une loge étroite et humide, ne voyant le jour que par une fenêtre d'un pied carré, et garnie de deux barreaux en fer, sans vêtements, ne pouvant se reposer sur un lit, chaque nuit et souventes fois le jour, elle était couchée sur la pierre. Quand elle se levait, elle se couvrait la poitrine et les épaules d'un débris de jupon, puis venait à la fenêtre appuyer son front contre les barreaux. On l'entendait réciter, avec l'accent d'une foi vive, quelque prière chrétienne, converser avec Dieu, ou interpeller quelques-unes des personnes qu'elle voyait passer, et dans lesquelles elle reconnaissait ou un parent ou une amie. Il arrivait qu'après ses attaques, elle était comme imbécile et même furieuse; son état ordinaire était calme, triste.

» Dès la première fois qu'elle me vit, elle me prit en affection, et m'appela son oncle. — Je suis bien malheureuse, me dit-elle; quand est-ce donc que j'irai travailler, que je gagnerai ma vie?. Je tremble de froid (c'était au mois de juillet 1832; elle ne voulait supporter aucun vêtement, ni coucher sur un lit. Tout ce qui la touchait la gênait ou la brûlait. Dès qu'on lui donnait une couverture, elle la mettait en pièces). Je ne me plains pas à faux, j'ai couché deux nuits sur la paille; il y a de bonnes couvertures, et on ne m'en offre pas, j'ai un bon paquet, mon oncle, je ne le donnerais pas pour cent francs. Qu'on me mette dehors de la Salpétrière, je n'ai jamais été malheureuse comme à présent. Je tremble et je brûle.

» ..... A la commisération pour ses maux, se joignit, dans mon cœur, un profond sentiment de respect pour tant de vertu. Pauvre fille! elle n'a connu que jusqu'à l'âge de onze ans le bonheur d'avoir une mère; depuis, elle a été chassée par une marâtre : son père l'avait abandonnée; elle pouvait, en se mariant, trouver l'appui dont elle avait besoin, elle ne s'est pas mariée, parce que c'eût été agir contre la volonté de son père. Au plaisir qu'elle n'aurait pu goûter sans déshonneur, elle préfère un travail pénible : une insulte la fait tomber dans la plus affreuse des maladies, et, pour en sortir, elle ne voudrait pas commettre une faute ; réduite à la condition la plus malheureuse, j'aurais dit la plus abjecte, s'il pouvait y avoir de l'abjection pour la vertu, elle garde sa pureté, elle ne profère aucune plainte contre ceux qui l'ont insultée, chassée ou délaissée!...

» Quelques jours après, je revis Aimée ; elle était au bain. Une attaque l'avait prise, sa figure avait la pâleur et l'immobilité du corps que la vie abandonne; elle était sans connaissance. Une affusion froide lui rendit le sentiment, elle murmura, en revenant à elle : Dieu merci, je vais mourir.

» Quelques mois encore, elle ne souffrait plus.

» Et nous sommes impuissants pour prévenir ou soulager une pareille infortune! Rien qui atteigne une marâtre chassant les fils de la maison paternelle; rien contre le criminel qui outrage une femme vertueuse!

» Puis, quand le mal est fait, rien qui le guérisse!

» Législation, morale, médecine, que promettez-vous donc? Paix et justice, qu'êtes-vous sur la terre?...

» Oh ! que, dans un monde meilleur, le juste soit récompensé! que l'espoir de celui qui souffre ne soit point une chimère! que l'homme resté pur à l'épreuve du malheur soit reçu dans le sein de la Divinité!

» Et moi, dans mes paroles et dans mes écrits, puissé-je ne donner jamais lieu à aucune interprétation contraire à la croyance en Dieu; croyance si vraie pour tous les hommes et si nécessaire aux malheureux. Je désire ardemment que l'on ne se méprenne pas sur le but que je veux atteindre; je montre la folie, et en cela je remplis un devoir, je montre la folie partout où je la reconnais, je la suis dans nos théories, dans nos traditions, et, quand j'enlève le masque dont elle a couvert les idées les plus grandes, les sentiments les plus sublimes, c'est afin d'arriver plus sûrement à l'Eternelle Vérité. »

« Il y a dans le livre des *Fragments psychologiques*, dit M. Brière de Boismont, des points fort curieux et qui offrent de nouvelles pages à ajouter aux analogies de la raison et de la folie; du chapitre oublié de la pathologie mentale; de l'état mixte : ce sont ceux de la cohérence des idées conduisant aux projets les plus sublimes ou au délire; du principe d'association, de l'imitation, donnant lieu aux raisonnements les plus suivis, les plus concluants, à un nombre prodigieux d'actes moraux et habituels, ou bien, par un tour de cheville de plus, brisant un chaînon dans le discours et jetant une teinte de bizarrerie dans les actes, de sorte que le même homme qui, tout à l'heure, vous avait paru plein de bon sens, devient pour vous un sujet de doute et d'étonnement (1). »

Le docteur Leuret ne laissa jamais passer une seule occasion de défendre, soit dans les *Annales d'hygiène publique et de médecine légale*, soit devant les tribunaux, cette grave question, tant débattue, de l'irresponsabilité des aliénés; c'est ainsi que, souvent, il put soustraire à des condamnations certaines, des malheureux privés de leur libre arbitre; et, en 1835, il eut le bonheur, comme il aimait à se le rappeler, d'arracher à l'échafaud, par une commutation de peine, un pauvre fou sur le compte duquel les juges n'avaient pu être éclairés à temps.

Ami sincère et dévoué, M. Leuret était surtout sen-

---

(1) *Annales médico-psychologiques;* juillet 1851.

sible à l'affection et à l'attachement qu'on lui témoignait, et ne reculait devant aucun sacrifice pour répondre dignement à l'amitié de ses confrères. — Un de ses amis, défenseur des accusés d'avril, encourut, pour une protestation collective qu'il n'avait pas signée, mais qu'il ne voulut pas désavouer, une condamnation à trois ans d'emprisonnement qu'il dut passer à la geôle de Clairvaux (1). M. Leuret apprend que cet ami est dangereusement malade ; n'écoutant que l'inspiration de son cœur, il sollicite la permission d'aller le secourir, et, dès qu'il l'a obtenue, non sans de grandes difficultés, il court s'établir au chevet du pauvre prisonnier, lui prodigue avec un soin touchant, ses secours et ses consolations, et ne revient à Paris, reprendre ses occupations qu'après l'avoir vu entièrement hors de danger.

D'une bienfaisance rare, le docteur Leuret ne rencontra jamais une infortune sans lui tendre une main secourable et sans y compatir. — Médecin des pauvres du 12e arrondissement, il éleva la voix en faveur des indigents de la ville de Paris, et, dans une notice qui parut en 1835, il faisait un appel aux sentiments généreux, et réclamait avec instance, pour ces malheureux, des secours aussi prompts qu'efficaces. Cette notice, — qu'on ne peut lire sans émotion à cause des souffrances qui y sont mises à nu, des misères profondes, ignorées,

---

(1) Cet ami, dont nous tairons le nom, fit, depuis, partie de l'Assemblée nationale Constituante; après les fatales journées de juin 1848, la haute confiance du général Cavaignac l'appela au ministère des travaux publics. Il est aujourd'hui médecin en chef d'un des plus grands hospices de Paris.

qu'elle dévoile, — et où on retrouve cette chaleur d'âme, cet entraînement du cœur qu'il savait mettre en toutes choses, et auxquels il était difficile de résister, est suivie d'un *Rapport* fait au nom d'une commission, *sur les améliorations dont est susceptible le service médical des bureaux de bienfaisance.*

Dans le courant de la même année, le docteur Leuret fit un voyage scientifique en Europe, au retour duquel il fit imprimer une *Note sur quelques-uns des établissements de bienfaisance du nord de l'Allemagne et de Saint-Pétersbourg.* C'est aussi vers la même époque qu'il fut nommé médecin expectant à l'hospice de Bicêtre (1).

Depuis longtemps déjà, le docteur Leuret préparait son grand ouvrage sur l'anatomie comparée du système nerveux. Aussitôt qu'il eut reçu sa nomination de médecin expectant, sans cesser de donner encore ses soins intelligents à la maison de santé fondée par M. Esquirol, et qu'il dirigeait à la grande satisfaction de tous, il vint se fixer à Bicêtre, pour y continuer, dans la retraite, les travaux qu'il avait commencés et auxquels il consacrait tous ses instants de loisir. Les économies qu'il pouvait faire, il les employait à se procurer des éléments de recherches qu'il faisait revenir, à grands frais, des contrées lointaines; il s'était même adressé à des capitaines de navires pour qu'on lui envoyât un cerveau de baleine, et il entretenait sans cesse ses amis du bonheur qu'il éprouverait quand il pourrait enfin posséder ce trésor.

Dans le courant de l'année 1838, le docteur Leuret

---

(1) On désignait ainsi les médecins résidants chargés de remplacer le chef de service, quand il était absent.

présenta à l'Académie royale de Médecine, un *Mémoire sur le traitement moral de la folie,* qui fut imprimé dans les Annales de cette Société; et, le 30 mars de l'année suivante, il eut encore l'honneur d'entretenir l'Académie d'un second mémoire sur le même sujet, contenant l'histoire détaillée d'un homme aliéné depuis quinze ans, dont l'état s'était progressivement aggravé malgré l'emploi des moyens ordinairement mis en usage en pareil cas, et qui, déclaré incurable par tous les médecins qui l'avaient soigné, a été délivré de ses idées délirantes par l'influence du traitement moral.

C'est également en 1839 que parut, en deux livraisons, accompagnées d'un atlas de 16 planches in-folio, le premier volume de l'*Anatomie comparée du système nerveux*, considérée dans ses rapports avec l'intelligence. — La lutte que M. Leuret eut à soutenir avec MM. Tiedemann et Gmelin, à l'occasion de ses recherches physiologiques et chimiques pour servir à l'histoire de la digestion, couronnées, comme l'on sait, par l'Académie, fut peut-être un des motifs qui l'engagèrent à publier ce travail qui, suivant l'heureuse expression d'un de ses confrères, ajouta un nouveau fleuron à sa réputation de médecin distingué. Les expériences microscopiques et les recherches consciencieuses auxquelles il s'est livré, pour établir la différence de grosseur, de position, de configuration des ganglions du système ganglionaire, de la moelle épinière et de l'encéphale chez toutes les espèces vivantes qui couvrent le globe, depuis l'insecte le plus petit, — la fourmi, — jusqu'aux animaux les plus monstrueux, — l'éléphant et la baleine, — sont très-nombreuses et du plus grand intérêt.

Cet ouvrage important, dédié à MM. Esquirol et Louis, est malheureusement resté inachevé. Cette lacune est d'autant plus regrettable que le second volume eût été spécialement consacré aux relations qui existent entre la perfection progressive des centres nerveux et l'état des facultés instinctives, intellectuelles et morales de l'homme. M. Leuret avait conçu, jusqu'au dernier moment, l'espoir de le terminer; il existe des matériaux pour la seconde partie, six planches sont gravées, et on espère, dans l'intérêt de la science, que, bientôt, cette œuvre sera dignement continuée. Tel qu'il est, cependant, ce livre n'en est pas moins indispensable à ceux qui étudient l'histoire naturelle et l'anatomie comparée.

M. le docteur Leuret, nous l'avons déjà dit, ne goûtait de repos que dans le changement de travail. Sans cesser un instant de s'occuper, avec ce zèle et cette activité qui le caractérisent, de donner ses soins aux aliénés placés dans son service, et de concourir à la rédaction des *Annales d'hygiène*, il fit paraître, en 1840, son livre du *Traitement moral de la folie*, celui de ses ouvrages qui eut le plus de retentissement, qui contribua à lui donner la position élevée qu'il prit dans l'aliénation mentale, et dans lequel se trouve exposée la méthode employée par lui à l'hospice de Bicêtre, pour combattre les maladies mentales.

Cette publication, malgré son mérite incontestable, souleva contre lui des médiocrités agressives qu'il n'eut pas la force de dédaigner, ou mieux encore, de plaindre avec douceur. Comme ses impressions étaient promptes et vives, il se tint près des attaques au lieu de monter plus haut, et, contrairement à l'opinion de ses amis et aux avis de M. Esquirol, il crut devoir répondre à ses calomniateurs. Nous allons mettre le lecteur à même de juger de la partialité et de l'injustice de ces attaques en reproduisant ici les passages les plus saillants de la défense de M. Leuret :

« Le trouble des idées et des passions chez les aliénés, étant considéré comme le produit de l'altération du cerveau, on a dû, dans le traitement de la folie, placer en première ligne les médicaments physiques, et c'est en effet ce qui a eu lieu, surtout depuis les recherches des anatomo-pathologistes modernes. La nécessité d'agir matériellement est si généralement admise que, dans une occasion récente, lorsque je communiquai à l'Académie royale de médecine le résultat d'un traitement purement moral, auquel j'avais soumis plusieurs malades, soit dans la maison de santé de M. Esquirol, soit à l'hospice de Bicêtre, une clameur universelle s'est élevée contre moi. Je rapportais des cas de guérisons obtenues à l'aide de moyens moraux, chez des individus qui, après avoir été soumis aux médicaments ordinaires, avaient été déclarés incurables, et cela me paraissait, je l'avoue, un argument sans réplique à opposer aux partisans des doctrines que je combattais. On a condamné ma pratique ; on l'a déclarée rétrograde et même dangereuse, et, quand j'ai répondu à mes adversaires par des guérisons, on m'a prédit des rechutes. Il y a, qu'ai-je besoin de le dire? il y a malheureusement des rechutes possibles dans toutes les maladies, il y en a dans la folie, de quelque manière qu'on la traite. Pour m'opposer des rechutes, n'aurait-il pas fallu qu'il en fût arrivé? Et d'ailleurs, un traitement entrepris chez des incurables, ne fût-ce qu'en désespoir de cause, ne devait-il pas être approuvé, puisqu'il avait réussi?

» J'aurais pu me contenter de ces réponses, puis laisser au temps le soin de me donner raison. Mais la discussion est sortie des bornes que jamais une discussion ne devrait franchir; on a répandu à pleines mains la calomnie contre moi, et des hommes fort estimables, ne connaissant qu'imparfaitement mes idées sur le traitement de la folie, ont cru, parce qu'on le leur a dit et répété, que j'usais de mauvais traitements envers les aliénés, que je voulais faire renaître, pour ces malheureux, les temps où on les enfermait, chargés de chaînes, dans d'obscurs cachots.

» Médecin des hôpitaux de Paris, chargé par le conseil général de donner des soins journaliers à plus de huit cents malades, il ne me suffit pas de mépriser une semblable accusation, je dois la repousser. On jugera si elle est fondée, quand on saura à quels moyens j'ai recours dans le traitement de la folie; l'exposé fidèle de ce que je fais chaque jour sera ma justification.

»..... J'entends par traitement moral de la folie, l'emploi raisonné de tous les moyens qui agissent directement sur l'intelligence et sur les passions des aliénés. Contrairement à la pratique des médecins qui combattent les idées fausses et les idées délirantes, par des évacuations sanguines, des exutoires et des purgatifs, j'ai recours au traitement moral, et à ce traitement seul, dans le cas où la folie se montre isolée de tout symptôme physique.

» On a cru ou feint de croire que, pour moi, le traitement moral consiste à tout brusquer, à m'en prendre violemment aux sentiments et aux passions des aliénés; à infliger à ces malades des rigueurs corporelles; en un mot, à faire ce que l'on appelle de l'intimidation.

» Je n'ai jamais compris de cette manière le traitement de la folie, et je n'ai rien dit qui pût me faire supposer une semblable opinion. La douleur fait, il est vrai, partie du traitement que je recommande pour guérir les aliénés ; mais dire que je l'emploie toujours et chez tous les malades, c'est avancer une assertion que démentent mes écrits et ma pratique. La douleur sert aux aliénés, comme elle sert dans l'éducation : elle est un des mobiles qui font fuir le mal et rechercher le bien; mais elle est loin d'être toujours nécessaire. Entre les enfants et les aliénés, il y a de nombreuses analogies ; celui qui, pour élever et diriger les enfants, ne saurait que les faire souffrir, les laisserait ignorants et les rendrait stupides ; celui qui, pour guérir les aliénés, aurait, pour unique moyen, l'intimidation, détruirait ce qui reste à ces malades de facultés intellectuelles et morales.

» Quand j'ai provoqué des idées tristes, ça été dans le but de prévenir des idées plus tristes encore, pour faire rechercher le plaisir et en donner. Quelquefois, je me suis attaché à rendre pénibles les idées déraisonnables, afin que le malade fît effort pour les repousser; et alors, j'ai toujours eu le soin d'en suggérer d'autres, conformes au bon sens, et auxquelles je tâchais de donner l'attrait du plaisir. Ai-je eu tort ? Je ne croirais pas avoir eu tort quand même j'aurais échoué, parce qu'on ne doit pas s'attendre, dans le traitement des aliénés surtout, à voir chaque tentative couronnée de succès; parce qu'en suivant constamment la route battue, il n'y aurait aucun progrès possible. Cependant, on m'a blâmé, quoique j'ai réussi, et l'on a attribué au hasard, aux efforts de la nature, les guérisons opérées à la suite du traitement moral.

» Pour exciter la douleur, j'ai fait le plus ordinairement usage de la douche et des affusions froides. Pour les affusions, je fais coucher le malade sur un plancher, et j'ordonne qu'on lui jette plusieurs seaux d'eau froide sur le corps. Pour donner la douche, le malade est assis et fixé dans une baignoire remplie d'eau tiède, on ouvre un robinet ayant, au plus, deux centimètres et demi de diamètre, et placé à deux mètres au dessus de la tête; l'eau tombe sur le cuir chevelu pendant un espace de temps qui varie depuis deux ou trois jusqu'à vingt ou trente secondes; puis, je fais arrêter l'écoulement de l'eau, et, si j'ai atteint mon but, je permets au malade de se retirer; sinon, je recommence la douche, plusieurs fois de suite. La plupart des aliénés soumis à la douche se plaignent et crient beaucoup; et, pour qu'on ne la leur continue pas, ils font les concessions et les promesses qu'on leur demande; d'autres, qui en étaient d'abord effrayés, s'y habituent et ne paraissent en être que peu incommodés; d'autres, enfin, la supportent sans mot dire et sans que, dans leurs traits, on puisse remarquer aucun symptôme de véritable gêne.

» Quant aux affusions, il est des malades qui en ont grand'peur, d'autres qui s'y soumettent sans trop de peine, d'autres qui paraissent y prendre un certain plaisir. Le nombre des seaux d'eau, jetés sur le corps, varie de quatre ou cinq à vingt, vingt-cinq, et même plus. L'eau des affusions et des douches est ordinairement de six à huit degrés, rarement de dix.

» Dans le but de juger des effets de la douche et des affusions, je m'en suis fait administrer, et plusieurs de mes élèves ont suivi mon exemple. La douche produit une violente surprise; elle glace la tête et gêne la respiration; cependant nous l'avons tous supportée plusieurs secondes, moi, une demi-minute environ, et un de mes élèves, plus d'une minute. Nous n'en avons été nullement incommodés; un d'entre nous a eu cependant un peu de céphalalgie, pendant toute la journée. Nous avons recommencé plusieurs fois, et sous des températures différentes; une fois le thermomètre extérieur était presque à zéro, l'eau de la douche restant à 8°, sans que nous en ayons ressenti aucune indisposition.

» Pendant longtemps j'avais donné les affusions, le malade étant placé dans une baignoire vide; je me suis mis dans une baignoire vide, et j'ai reçu des affusions. L'eau, en tombant sur la tête et la poitrine, produit, dans ces parties, une oppression glaciale; les parties inférieures du corps et les membres n'en ressentent presque rien. C'est pénible à recevoir, mais on peut s'y soumettre, et nous l'avons reçue mieux et plus longtemps que nos malades.

» Ce résultat, que je ne prétends pas donner comme une chose nouvelle dans la science, avait pourtant besoin d'être consigné ici, parce que plusieurs de mes confrères, qui font eux-mêmes usage des douches et des affusions, ont beaucoup déclamé contre l'emploi que j'en fais, soit à Bicêtre, soit dans ma pratique particulière. Administrés par moi, ces remèdes sont des tortures corporelles; administrés par eux, ce sont des parties essentielles d'un traitement méthodique.

» Il est vrai de dire cependant que mes confrères et moi, nous n'employons pas les douches et les affusions, dans les mêmes circonstances, ni tout à fait dans le même but. Avec eux, jamais un malade inoffensif, jamais un mélancolique, un monomaniaque n'en recevra, à moins qu'il n'ait commis quelque grave infraction à la règle de l'établissement, ou refusé de se nourrir. Moi, pour ne pas attendre que la maladie en vienne à ce point, pour l'arrêter, s'il se peut, dans sa marche, je ne crains pas de fournir au malade l'occasion de faillir, afin de lui donner la douche, et de lui enseigner ce qu'il doit faire pour l'éviter. Et, quand j'ai obtenu une concession, je ne suis pas satisfait, il m'en faut chaque jour de nouvelles; plus on m'en a fait, plus j'en exige, et, si j'entrevois la guérison, je m'arrête seulement quand elle est obtenue.

» ..... Rassuré, surtout depuis que j'en ai fait l'expérience personnelle, sur les effets de la douche, je ne le suis pas autant sur les effets des remèdes usités par les partisans du traitement physique. Le moindre inconvénient que je trouve au traitement physique, dans les folies purement mentales, c'est d'être inutile et de faire perdre un temps qui est toujours précieux. Mais les agents physiques, administrés quand ils ne sont pas nécessaires, outre que plusieurs sont douloureux, ne peuvent-ils pas altérer la santé? Les vésicatoires, les sétons, les moxas, les purgatifs drastiques ne sont pas exempts de danger, les moxas surtout font, en outre, beaucoup souffrir. Qu'un médecin attribuant la monomanie à une phlegmasie circonscrite du cerveau, applique un moxa sur l'un des points de la tête, il n'y aura là aucune barbarie, aucune rigueur corporelle; le moxa sera *très-rationnellement* appliqué, et il fera partie de ce que l'on ne manquera pas d'appeler un traitement méthodique; mais qu'un médecin, avouant qu'il ne sait rien sur la nature et le siége de la maladie à traiter, au lieu d'agir physiquement, ait pour but de combattre des idées par des idées, des passions par des passions; que, pour faire renoncer à des conceptions folles ou à des hallucinations, il administre la douche, ou seulement qu'il menace de l'administrer, dès lors il cesse d'agir suivant la méthode reçue, il exerce des cruautés. Ce n'est assurément pas là conclure avec justesse. Je m'étonne que des hommes, dont la profession est de guérir ceux qui déraisonnent, tombent eux-mêmes dans une contradiction aussi palpable.

» ..... Sans doute il ne faut pas recourir toujours à l'usage des douches et des affusions, il faut même les employer seulement dans les cas où les moyens plus doux n'ont aucune chance de réussite, mais les bannir de la pratique; mais répugner de s'en servir, uniquement parce qu'ils sont quelquefois douloureux ou qu'ils font peur, c'est se priver volontairement de ressources thérapeutiques puissantes, bien que, dans la plupart des cas, on n'ait rien de véritablement efficace à y substituer. »

Parmi les médecins d'aliénés, il en est, mais en petit nombre, qui ont adopté la doctrine des phrénologistes, et qui prétendent avoir trouvé, dans l'étude de l'aliénation mentale, des faits à l'appui de cette doctrine. Suivant M. Leuret, au contraire, les disciples de Gall auraient vainement tenté d'appliquer leur système à la localisation de la folie, et, comme preuve de ce qu'il avance, il rapporte le fait suivant, dont il a été témoin :

« Les débuts de Gall, pour la localisation de la folie, n'ont pas été heureux. Gall, qui, peu de temps après son arrivée à Paris, appelait sur son système toute l'attention des savants, visitait, un jour, la Salpétrière avec M. Esquirol. D'abord, M. Esquirol faisait à Gall l'histoire de la maladie des folles qu'il lui présentait, et Gall expliquait, par les protubérances du crâne, la cause de leur maladie : toujours la conformation de la tète et le caractère de la folie se trouvaient en harmonie parfaite. Jusque là, tout allait bien. Mais, voulant faire une contre-épreuve, M. Esquirol engagea l'inventeur de la phrénologie à observer préalablement la tête de ses malades, et à lui dire, d'après cette observation, quel était le caractère de leur maladie. Dès lors, Gall devint muet; il avait pu, avec une complète *certitude*, remonter de l'effet à la cause; mais, de la cause, il ne put jamais descendre jusqu'à l'effet. On eût dit que sa science, tout à l'heure si fertile, venait de l'abandonner.

» Les saillies du crâne indiquant, d'après les phrénologistes, le développement des différents organes dont il leur a plu de dire que le cerveau est composé, on peut juger, assurent-ils, en ayant égard au dégré de ce développement, des sentiments, des passions et des idées qui prédominent chez les aliénés. J'ai cherché si Gall aurait, dans sa collection, quelques faits à l'appui de cette théorie, et, malheureusement! j'en ai trouvé. Je dis malheureusement, parce qu'il ne faudrait pas beaucoup de faits de cette nature pour discréditer un système.

» Il y a, dans la collection de Gall, collection qui fait maintenant partie du musée d'anatomie du Jardin-des-Plantes, trois portions de crânes attribuées chacune à trois individus différents; l'une à un musicien (il n'est pas fait mention si ce musicien était ou non aliéné); l'autre à une certaine baronne Franke qui, dans un accès de lypémanie, se serait suicidée; on montre, sur cette portion du crâne, l'organe de la circonspection excessivement développé pour une tête de femme. La troisième portion de crâne est attribuée à un marchand, mort dans un accès de folie érotique; les cavités qui longent le cervelet y sont indiquées comme ayant des dimensions considérables. Or, les trois portions de tête, savoir : celle du musicien, celle de la baronne Franke, celle du marchand érotique, ne sont pas autre chose que TROIS PORTIONS D'UN MÊME CRANE !

» La calotte de ce crâne, enlevée par la scie, a été attribuée à la baronne Franke; la base, en partie désarticulée et en partie brisée de droite à gauche, au niveau du corps du sphénoïde, et séparée ainsi en portion antérieure et en portion postérieure, a été attribuée à deux autres individus, la première au musicien, la seconde au marchand devenu érotique; or, le tout réuni forme une belle tête d'homme, sur laquelle on voit les bosses pariétales développées comme elles le sont ordinairement chez l'homme ; ce qui a permis à Gall de doter la baronne Franke des deux organes de la circonspection, dont il avait besoin, afin de rendre cette baronne aussi craintive qu'elle devait l'être, pour avoir peur de tout, et terminer sa vie par un suicide. Préparez donc l'avenir d'une science avec des faits ainsi arrangés! »

Le livre du *Traitement moral*, en dépit des efforts de ses détracteurs, n'en obtint pas moins l'approbation et les éloges de tous les hommes éminents et compétents en pareille matière, et valut, à son auteur, le titre de médecin en chef de l'hospice où il n'avait eu, jusque là, qu'un emploi secondaire.

Ce fut un des collègues de M. Leuret, M. le docteur Payen, qui lui apprit sa nomination : « Il me sera donc donné de faire quelque chose! » s'écria celui qui recevait cette nouvelle : mot profond et vrai, qui, mieux que toutes nos paroles, peint l'homme tout entier.

Obligé d'appliquer une méthode qui n'était pas toujours la sienne, et d'employer des moyens qui souvent lui répugnaient, le docteur Leuret considéra cet avancement moins comme une récompense que comme l'approbation des idées émises par lui sur le traitement de la folie et développées dans ses écrits. Il se mit donc courageusement à l'œuvre; activement secondé par quelques membres du conseil général des hôpitaux, hommes intelligents, ayant à cœur de remplir dignement leurs fonctions, il introduisit dans son service des améliorations nombreuses, et, tout en continuant celles déjà heureusement entreprises par son prédécesseur, il parvint à en réaliser de plus grandes encore. Des ateliers furent créés et les hommes valides employés aux travaux de l'agriculture; on ouvrit une école primaire, et des classes de chant et de dessin vinrent remplir les longues heures de désœuvrement dans lesquelles s'écoulaient autrefois les journées des malades; une bibliothèque fut mise aussi à la disposition des aliénés, et, grâce à ces réformes salutaires, ces malheureux, si dignes d'intérêt, que la nature a privés du plus précieux de ses dons, purent être relevés de leur abaissement, et le traitement moral de la folie entra, à Bicêtre, dans une véritable voie de progrès.

Plein de cette vérité, émise par Esquirol, que pour être utile aux aliénés, il faut les aimer et se dévouer pour eux, le docteur Leuret ne craignit pas d'engager une lutte dont il présageait d'avance toutes les fatigues. Il fit plus : il se plaça en face des malades comme un adversaire prêt à lutter contre eux; ils avaient des passions, il s'en est donné; ils avaient des passions invétérées, il s'est pénétré de passions opposées aux leurs et les a combattues avec persévérance. Et dans son agression, mettant autant de soin à ménager l'homme qu'à détruire sa folie, il ne lui est jamais arrivé de nuire à un malade; il a échoué plus d'une fois, c'est vrai, mais, comme il le dit lui-même, c'était alors un insuccès, et non pas un revers.

Le 12 décembre 1840, la science fit une perte immense dans la personne du célèbre Esquirol, enlevé à ses amis, à ses confrères, par une courte maladie. Elève aussi respectueux que reconnaissant, le docteur Leuret, sur le bord de la fosse prête à se refermer sur la dépouille mortelle de son illustre maître, lui adressa un dernier et suprême adieu, dans lequel on trouve cet hommage sublime :

« En ce moment suprême, où vos restes mortels sont pour jamais descendus dans la tombe, nous venons, ô mon maître, vous dire, en pleurant, un éternel adieu.

» Votre vie tout entière a été remplie par d'utiles travaux : les études auxquelles vous vous êtes livré, longues, difficiles, et souvent périlleuses, ont eu pour objet les aberrations de la pensée, et pour résultat le soulagement de la plus grande des infortunes, celle qui enlève à l'homme tout ce qu'il a d'humain. Avant vous, dans la connaissance et le traitement des maladies mentales, aucun auteur ne s'est acquis une célébrité comparable à la vôtre; et, parmi vos contemporains, ceux qui se sont le plus illustrés, s'honorent d'avoir adopté vos doctrines et d'être vos disciples. A vous donc une gloire impérissable! Vous avez réalisé ce que vos devanciers avaient à peine conçu; vous avez créé, dans la science, une ère nouvelle, et les principes par vous développés et fécondés par vos successeurs, seront, pour l'humanité, un éternel bienfait.

» ..... Pour vos malades, vous n'étiez pas seulement

un médecin, vous étiez comme une seconde Providence. S'ils étaient pauvres, vous les en aimiez davantage, et vous en preniez plus de soin. L'argent que vous receviez des riches était dans vos mains la source d'abondantes aumônes. Jamais un malheureux n'a imploré votre pitié sans être secouru. Dans la ville, vos conseils appartenaient également à tous ceux qui les réclamaient; dans les hôpitaux confiés à vos soins, et surtout à la Salpétrière, on eût vainement cherché un malade indigent qui n'ait pas eu sa part dans vos largesses.

» Et envers vos élèves, quelle bonté plus inépuisable que la vôtre? Ils composaient votre famille, ils étaient vos enfants. Abordable pour eux chaque jour et à toute heure, vous leur permettiez de disposer de votre musée et de votre bibliothèque, comme si vous aviez formé pour eux ces riches collections. Vos propres observations, vos travaux personnels étaient à eux autant qu'à vous.

» ..... Ni l'âge ni les infirmités n'avaient glacé, chez vous, les sentiments de la jeunesse. A soixante ans, comme à vingt, vous étiez bon, généreux, enthousiaste. Trop modeste pour connaître votre supériorité sur les autres, vous vous effaciez constamment devant eux, et leurs succès vous étaient toujours chers quand ils étaient mérités.

» ..... Heureux ceux qui, comme vous, mènent une vie laborieuse, dont le génie s'applique à diminuer le nombre des misères humaines, et qui marquent chacun de leurs jours par de bonnes actions! Leur parole nous soutient, leur exemple nous guide; ils sont sur la terre les envoyés de Dieu.

» Soyez béni, ô mon maître! car vous nous avez appris à soulager nos semblables. Votre image restera dans nos cœurs, jusqu'à ce que nous vous suivions dans la tombe; votre nom restera dans la mémoire des hommes : il sera inscrit parmi ceux des bienfaiteurs de l'humanité! »

Le 2 février 1842, le docteur Leuret fut encore, pour la troisième fois, admis à l'honneur de lire, à l'Académie royale de médecine un *Mémoire sur la révulsion morale dans le traitement de la folie*, dans lequel se trouvent rapportés deux cas de guérison obtenue uniquement par l'influence du traitement moral et sans l'aide d'aucun agent physique. Ce mémoire, destiné à mettre en relief et à réduire en exemples les préceptes touchant la révulsion morale appliquée aux aliénés, fut imprimé dans le 9e volume des Annales de l'Académie, et donna lieu (1er juin), à un rapport de MM. Louis, Pariset et Double, qui se termine ainsi :

« ..... A la manière des œuvres remarquables, l'œuvre de M. Leuret soulève une foule de grosses questions. Certes, nous n'avons pas mission de les agiter toutes; mais il était de notre devoir d'en discuter quelques-unes. La difficulté gît dans la limite; et cette limite, le rapporteur ne l'aura-t-il pas dépassée? *Senes sunt garruli.*

» Arrêtons-nous donc : l'étendue que nous avons donnée à notre rapport, et les discussions auxquelles nous nous sommes livrés, disent assez le cas que nous faisons du travail qui en est l'objet. Si tous les membres de l'Académie n'en avaient la conviction profonde, si surtout nos précédents académiques pouvaient le permettre, nous dirions combien M. Leuret mérite de trouver un rang distingué parmi les hommes éminents restés encore en dehors de l'Académie, et que nos vœux, ainsi que leurs travaux, appellent dans cette enceinte. Bornons-nous aujourd'hui aux conclusions suivantes :

» L'Académie DONNE DES ÉLOGES aux heureux efforts de M. Leuret, et renvoie son travail au comité de publication. »

L'année 1845 vit éclore un nouveau travail de M. Leuret sur les *Indications à suivre dans le traitement moral de la folie;* ce travail, contenant dix observations nouvelles, est dédié à M. le comte Hervé de Kergorlay, membre du conseil général des hôpitaux, pour son active sollicitude envers les aliénés de Bicêtre, et pour l'appui bienveillant qu'il donne à toutes les mesures propres à rendre facile et efficace, dans cet hospice, le traitement moral de la folie.—Prouver que dans certains cas où le traitement physique ne peut rien, le traitement moral peut beaucoup ; faire comprendre quelle variété il convient de mettre dans le choix des moyens moraux, quand il y a une véritable indication à l'emploi de ces moyens; tel est le but de ce mémoire, le dernier qui soit sorti de la plume féconde de notre savant, mais si modeste compatriote.

« Les livres de Leuret, ses leçons à Bicêtre, la transformation qui s'opéra sous lui dans son service, lui attirèrent tout à coup des occupations nombreuses et ouvrirent devant lui le chemin de la fortune. Une maison de traitement fut fondée : on l'y appela comme médecin, avec une rémunération considérable, et une brillante clientèle absorba tout son temps, toute son activité, toutes ses forces. Il était trop tard. Lorsqu'il avait habité la garnison de Saint-Denis, il lui était arrivé souvent, presque toujours même, d'en franchir, le soir, la distance à grande course, pour retourner de l'amphithéâtre à la caserne. A Charenton, il avait aussi fait des courses rapides pendant toute la durée des leçons que Spurzheim faisait, le soir, à Paris; chaque jour de ce cours, il ne dînait qu'en rentrant, à onze heures ou minuit. Il avait, dès cette époque, été fréquemment pris de palpitations et d'étouffements, et, depuis longtemps, il était forcé de dormir la fenêtre ouverte. Après avoir passé des années entières à disséquer, à peser ou analyser des cerveaux, à considérer des globules au microscope, immobile et silencieux, il se livrait tout à coup à l'activité et au mouvement incessant d'un service éloigné de Paris et d'une clientèle qui s'accroissait chaque jour. C'était au-dessus des forces qui lui restaient : le passé avait tout pris, et ne laissait que peu au présent, rien à l'avenir (1). »

En toutes saisons, les journées de M. Leuret commençaient à six heures du matin; il partait alors pour Bicêtre, et n'en revenait que dans l'après-midi. Le reste du jour était donné à la maison de traitement dont il avait la direction médicale, ainsi qu'à ses nombreux malades de la ville; une grande partie de ses soirées était consacrée à des réunions, indispensables dans sa position, soit chez le doyen de la Faculté, soit chez ses confrères; puis, quand il rentrait chez lui, souvent fort tard, plutôt que de prendre le repos qui lui était nécessaire, il se mettait encore à l'étude, et, bien des fois, l'aube du jour le retrouva à la place où, la veille, il s'é-

(1) M. Trélat. Notice déjà citée.

tait mis à prendre des notes ou à faire des expériences.

Un pareil genre de vie, on le conçoit facilement, devait lui être fatal. M. Leuret le savait bien, et ne se dissimulait nullement que, tôt ou tard, il y succomberait. — « La vie de Paris est une vie dévorante, disait-il un jour à une amie d'enfance qui l'engageait à se ménager et à être plus avare de sa santé; mais, que voulez-vous, je ne puis me faire à l'idée seule de rester inactif; et d'ailleurs, *mes chers malades*, qui m'aiment tant, que deviendraient-ils, si je les abandonnais? »

Chaque jour, cependant, ses forces diminuaient, et bientôt, malgré tout son courage, il dut céder à la maladie. Ses amis le contraignirent à faire un voyage dans les contrées méridionales de la France. M. Leuret partit, mais à regret, et, en route, il fut frappé d'une attaque qui dura plusieurs heures; on le crut mort, et, comme personne ne voulait le recevoir, on fut obligé de recourir à l'emploi de la force pour lui faire ouvrir une habitation où des soins empressés le rappelèrent à la vie. Son confrère et ami, M. Louis, médecin en chef de l'Hôtel-Dieu, ayant appris cette nouvelle, acccourut aussitôt de Paris, s'installa près de lui, et ne le quitta que quand tout danger eut cessé. M. Leuret alla se rétablir chez un de ses amis intimes qui possédait une maison de campagne aux environs de Toulon; de là, il vint passer le temps de sa convalescence à Nancy, près de ses sœurs, toutes deux mariées depuis longtemps, et pour lesquelles il avait toujours conservé une vive affection et un sincère attachement.

M. Leuret demeura à Nancy jusqu'en juin 1850, et son séjour dans sa ville natale fut encore signalé par des bienfaits. Se croyant, à cette époque, en état de pouvoir reprendre ses fonctions, il retourna à Paris, où ses amis furent heureux de le revoir, en bonne santé; mais, malheureusement, cette vigueur n'était qu'apparente et ne devait pas tarder à l'abandonner de nouveau.

Ce fut un jour de fête à Bicêtre que celui où il y reparut pour la première fois. Les pauvres fous s'élançaient à sa rencontre, se pressaient sur ses pas, lui prenaient les mains qu'ils couvraient de baisers, et ils l'eussent porté en triomphe s'il ne s'y était opposé formellement.

Le docteur Leuret avait à peine repris son service depuis quelques semaines, quand il s'aperçut que la maladie dont il s'était cru guéri sévissait, au contraire, avec plus d'intensité qu'auparavant : ses jambes enflaient à vue d'œil et son ventre devenait énorme. Pendant plus de deux mois, il n'en dit rien à personne et cacha son mal à ses amis : athlète courageux de la science, le sentiment du devoir l'emportait encore sur le propre intérêt de sa conservation. Tous les jours, en revenant de Bicêtre, il se couchait afin de pouvoir recouvrer assez de force pour le lendemain. Mais, malgré toutes ses précautions, le mal fit des progrès si rapides qu'il lui fut impossible de le cacher davantage, et, quand il crut devoir en parler, tout remède était désormais impuissant à le sauver : il ne restait plus rien à faire que d'apporter quelque soulagement aux souffrances cruelles qu'il endurait.

D'une probité peu commune et d'une délicatesse qui allait jusqu'à l'excès, la pensée d'avoir entraîné l'éditeur de son livre sur l'*Anatomie comparée* dans une dépense dont il ne pouvait l'indemniser, était pour M.

Leuret, plus que sa maladie elle-même, un sujet continuel de chagrins. — « Si seulement, répétait-il souvent sur son lit de douleur, si seulement je pouvais m'appliquer une heure ou deux par jour, pour mettre en ordre les matériaux et les notes que j'ai déjà recueillis. » M. Baillière, instruit de ce fait, vint voir M. Leuret, le rassura complétement sur ce point, lui parla de sa prochaine guérison, et sut, par ses ménagements excessifs, appaiser les scrupules et calmer les inquiétudes du pauvre malade, à qui cette visite fit du bien.

Cependant la maladie augmentait de jour en jour; ce n'était pas seulement le cœur qui était volumineux; on trouva le foie atteint d'une affection mortelle, les extrémités infiltrées et l'abdomen rempli d'une quantité considérable de liquide; une ponction fut pratiquée, et cette opération, répétée trois fois en 16 jours, produisit à chaque reprise l'évacuation de dix litres de liquide. Ses amis, qui ne quittaient pas son chevet, constataient les progrès quotidiens d'un mal invincible, et assistaient avec douleur à la destruction d'une existence qui semblait promettre encore de longs et glorieux services.

Le docteur Leuret ne s'abusait pas sur son état. Dès qu'il eut reconnu que sa maladie était mortelle, et qu'il ne lui restait plus que peu de jours à vivre, il voulut revenir à Nancy, pour y mourir au milieu de sa famille, et reposer à côté de ses parents, qu'il avait tant aimés.

Ses amis essayèrent, inutilement, de résister à ce désir et lui représentaient le danger qu'il y aurait pour lui à partir dans une saison aussi défavorable. M. Leuret fut inflexible : un instant, en face de cette opposition, il avait songé aux moyens de s'échapper; bon gré, mal gré, il fallut lui céder, mais, par mesure de précaution, un de ses confrères voulut l'accompagner. On se mit en route le 24 décembre par un froid rigoureux; M. Leuret supporta sans chanceler et sans se plaindre la fatigue du voyage, et, le 26 au matin, il arriva à Nancy, où la nouvelle de son retour s'étant répandue, un grand nombre de personnes s'empressèrent de venir le visiter.

M. Leuret vécut encore douze jours, en proie à des souffrances aiguës, mais en pleine possession de ses facultés mentales; c'est le lundi, 6 janvier 1851, à 5 heures du soir, et dans la 53e année de son âge, que sa belle âme s'exhala vers le ciel, où l'attendait la récompense due à ses vertus.

Ses funérailles, qui eurent lieu le lendemain, furent modestes; un grand concours de citoyens accompagnèrent ses restes mortels, et un détachement de troupes lui rendit les honneurs militaires. Arrivé au cimetière, et quand le cercueil fut descendu dans la fosse, M. le docteur Ed. Simonin, au nom de la Société des Sciences, Lettres et Arts et de la Société de Médecine de Nancy, adressa au défunt, au milieu de l'émotion de tous les assistants, un dernier adieu, dont nous reproduisons les principaux passages :

« Messieurs,

» En accompagnant le docteur Leuret jusqu'à sa dernière demeure, vous avez entendu, tout à l'heure, sortir de toutes les bouches l'expression des regrets causés par cette mort si rapide, si douloureusement prévue, et qui, à la fois, laisse un si grand vide dans la science, dans notre cité, dans sa famille et parmi ses nombreux amis. Un hommage si unanimement rendu pourrait suffire à honorer sa mémoire; toutefois, permettez que j'exprime, au nom de la Société des Sciences, Lettres et Arts et de la Société de Médecine, des regrets qui, pour être officiels, n'en sont pas moins profonds, et permettez-moi aussi d'y joindre ceux de tous ses confrères, et ceux de l'Ecole de médecine, dont le docteur Leuret fut un des plus brillants élèves.

» Passons ici rapidement sur les titres scientifiques de notre savant confrère. Elève, ami, puis heureux émule d'Esquirol, il a contribué puissamment à donner au traitement moral de l'aliénation mentale l'heureuse impulsion dont nous sommes les témoins.

» Vous connaissez tous les œuvres consciencieuses qui furent la base solide de sa réputation, et qui ont tant contribué à abréger sa vie. Cette partie de l'armée qui nous entoure vous indique l'un des honneurs auquel il était parvenu, et les compagnies savantes, en formulant leurs regrets, au nom de la science, rediront les titres divers dont il était honoré, et que je n'indique pas, parce que, dans cette enceinte, cette énumération n'apporterait aucune consolation à ceux qui l'aimaient, et parce qu'aujourd'hui c'est surtout un homme vertueux, un bon parent, un excellent ami que nous perdons.

» ..... N'imitant pas les hommes qui, successivement, repoussent les appuis qui ont servi à leur élévation, le docteur Leuret ayant conquis, par son mérite seul et au prix d'efforts incessants, une position distinguée, ne se sépara jamais de ceux qui, moins heureux que lui, en apparence du moins, étaient restés dans la position sociale qui avait été son point de départ. Parent dévoué, Leuret rechercha avant tout les douces et pures joies de la famille; ami, il resta toujours fidèle aux qualités qu'il avait rencontrées dans ses relations nombreuses; praticien affectueux envers tous ses confrères, il crût d'autant plus à l'importance de leurs travaux, qu'il avait lui-même le droit, plus que tout autre, d'en être le juge. — Telles sont les qualités éminentes du cœur que nous reconnaissons en lui, et qui révélaient la haute portée de son intelligence et la constante énergie de sa volonté. — Aussi, en présence de cette tombe qui va se refermer sur lui, nous pouvons tous dire que, si nous étions heureux d'être son confrère, soit à l'Académie, soit à la Société de médecine, nous sommes encore plus fiers d'avoir compté parmi ses amis. »

M. Leuret n'appartenait ni à l'Institut, ni à l'Académie de médecine, et, dit M. Trélat, avec son incontestable supériorité, ne devait peut-être son modeste titre de chevalier de la Légion-d'Honneur qu'au hasard d'avoir donné ses soins à un ministre (1).

Néanmoins, le docteur Leuret a compté au nombre des médecins éminents de notre époque, et a pris rang parmi les célébrités médicales de l'aliénation, en pénétrant plus avant que ses devanciers dans l'analyse des troubles de l'intelligence, et en ajoutant aux méthodes déjà connues une méthode importante de traitement puisée dans le plus noble élément de l'homme, le raisonnement. Comme anatomiste et comme écri-

---

(1) La Commission administrative du Musée de Nancy a décidé, dans sa séance du 15 mai dernier, que le buste du docteur Leuret serait placé dans une des salles du Musée, « pour y rappeler à la fois le savant modeste et l'homme de bien que la ville est fière d'avoir compté parmi ses enfants. »

vain, la place du docteur Leuret n'est pas moins marquée dans les annales de la science : digne continuateur d'Esquirol, son nom, inséparable de celui de son illustre maître, appartient à l'histoire; il ne périra pas.

www.ingramcontent.com/pod-product-compliance
Lightning Source LLC
LaVergne TN
LVHW010054230826
846091LV00005B/1935

* 9 7 8 2 0 1 1 7 8 0 6 3 8 *